Pequeños EXPERTOS EN ecología

Little Eco EXPERTS

Cómo comprar productos ecológicos/ Ways to Buy Green

Traducido por/
Translated by
Diana Osorio

Como ser guardianes del planeta

How to be guardians of the planet

PowerKiDS press

Published in 2023 by PowerKids, an Imprint of Rosen Publishing
29 East 21st Street, New York, NY 10010

Cataloging-in-Publication Data
Names: Editorial Sol 90 (Firm).
Title: Cómo comprar productos ecológicos / Ways to Buy Green / by the editors at Sol90.
Description: New York : Powerkids Press, 2023. Series: Pequeños expertos en ecología / Little Eco Experts
Identifiers: ISBN 9781725337749 (library bound) ISBN 9781725337756 (ebook)
Subjects: LCSH: Shopping--Environmental aspects--Juvenile literature.
Sustainable living--Juvenile literature. Environmentalism--Juvenile literature.
Classification: LCC GE195.5 W397 2023 DDC 640.28'6--dc23

Coordination: Nuria Cicero
Editor: Alberto Hernández
Editor, Spanish: Diana Osorio
Layout: Àngels Rambla
Design Adaptation: Raúl Rodriguez, R studio T, NYC
Project Team: Vicente Ponce, Rosa Salvía, Paola Fornasaro
Scientific Advisory Services: Teresa Martínez Barchino

Imaging and infographics:
www.infographics90.com
Firms: Getty/Thinkstock, AGE Fotostock, Cordon Press/Corbis, Shutterstock.

Manufactured in the United States of America

CPSIA Compliance Information: Batch #CSPK23. For Further Information contact Rosen Publishing, New York, New York at 1-800-237-9932.

CONTENIDO

CONTENTS

¿QUÉ ES EL CONSUMO?

Podemos decir que el consumo es lo que gastamos cada día para comprar todo tipo de cosas, como comida, ropa, juguetes, o pagar servicios, como un viaje en autobús o la electricidad de casa.

Una rueda necesaria

El consumo es un proceso económico necesario para el sustento de la sociedad de hoy. Es como una rueda en la que participamos todos y que no para de girar y traer beneficios. Fíjate en el ejemplo del consumo de leche, que parece simple, ¿no? Fíjate cuántas etapas hay, de la vaca a la compra, hasta llegar a ¡tú!

A Necessary Wheel...

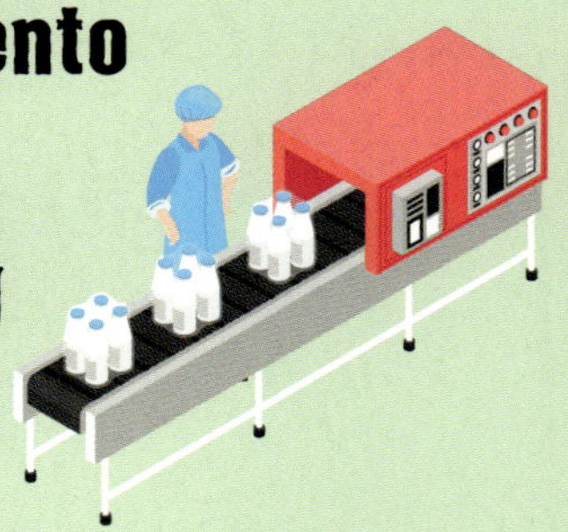

WHAT IS CONSUMPTION?

We can say that consumption is what we spend every day to buy many things, such as food, clothes, and toys, or for services such as a bus trip or a home's electricity.

...Keeps Production Active

Producir y consumir

Los que producen cosas reciben un pago a cambio, que se destina a pagar a sus empleados o proveedores o para cubrir sus necesidades. Consumir mantiene activa la producción.

¿POR QUÉ SE DICE QUE EL CONSUMO TIENE DOS CARAS?

La sociedad actual nos impulsa a comprar muchas veces más de lo que necesitamos. Para algunas personas consumir puede llegar a convertirse en una obsesión.

Con propósito y cuidado

Consumir no es malo, pero hay que aprender a consumir solo lo que realmente necesitemos. Que nuestra compra o gasto tenga un propósito cierto.

Consume with Care

Cada día

Todas las cosas que compramos o pagamos forman parte de nuestro consumo. El consumo forma parte de la economía; la de tu ciudad, la de tu país y la del mundo. ¡Tenlo presente!

Every Day and Everywhere

WHY IS IT SAID THAT CONSUMPTION HAS TWO FACES?

Today's society encourages us to buy many times more than we need. For some people, consuming can become an obsession.

Think Green!

Pensando en verde!

El bienestar de la humanidad, el medio ambiente y el funcionamiento de la economía dependen de que los recursos naturales del planeta se gestionen de forma responsable. Por eso, ¡piensa en verde! Si compras productos que respetan el medio ambiente, es decir, que han sido fabricados bajo normas sostenibles, mucho mejor.

UN PRODUCTO, ¿TIENE VIDA?

Aunque no lo creas, ¡sí! La vida de un producto, es decir, de las cosas que consumimos, incluye todos los procesos necesarios para su creación. Toda su vida útil, e incluso las etapas para luego eliminarlas o reciclarlas.

Una simple lata, no tan simple

Ya has visto lo que conlleva la producción de leche para su consumo. Mira ahora la de un producto más elaborado y complejo, como una lata de refresco. ¿Lo habías pensado alguna vez?

1 Se extrae la bauxita, mineral del que se obtiene el aluminio.

A Product's Lifetime

9 La lata vacía se tira a un contenedor para envases.

10 En la planta de reciclaje se clasifican y prensan.

11...

Se refunde el aluminio para poder reutilizarlo.

A PRODUCT HAS A LIFE?

2 El metal se funde.

3 El metal se transforma en grandes placas.

Believe it or not, yes! The life of a product, or the things we consume, includes all the processes necessary for its creation. This includes its entire useful life and even the stages to later eliminate or recycle it.

4 Se producen las latas y se les imprime la marca.

5 Se empaquetan y preparan para el transporte.

6 Se transportan hasta los puntos de venta.

7 Las tiendas las exponen al público

8 Se compra la lata para beber su contenido.

LA MOCHILA ECOLÓGICA

La mochila ecológica de un producto es la suma de todos los materiales que fueron empleados en su elaboración a lo largo de todo su ciclo de vida. Desde que se crea hasta que se recicla o se elimina como residuo.

Mejor si es ligera

Cuanto más bajo sea el peso de la mochila ecológica de un producto, menos perjudicial será para el medio ambiente.

It's Better If It's Light

¡Vaya mochila!

Los productos que consumimos a diario son mucho más que lo que vemos. Lo que no se ve, lo invisible, pesa mucho más que lo que se ve, el producto. Fíjate en la cantidad de piezas que se usan para equipar un automóvil, que a su vez se producen. Y aquí sólo colocamos algunas de ejemplo, pues para fabricar un automóvil se utilizan muchísimos materiales más.

La mochila ecológica de un automóvil pesa más de 15 toneladas (es decir, más de diez veces el peso del propio auto).

THE ECO BACKPACK

The ecological backpack of a product is the sum of all the materials used in its life cycle, from its creation until it is recycled or disposed of as waste.

Valuable Information

Información valiosa

Conocer la mochila ecológica de un producto nos dará información acerca de lo respetuoso que es el fabricante con el medio ambiente.

Everything counts

Todo cuenta

Además de los materiales de fabricación, también el transporte, el reciclaje y la eliminación de residuos implican gastos de energía y recursos.

¿SABÍAS QUE?

Para fabricar un teléfono inteligente se emplean 75 kg de materiales diversos. ¿Cuántos dispositivos móviles hay cerca de ti? ¿Crees que respetan el medio ambiente? ¿Y las computadoras? ¿Y los coches?

Mochila adulto normal

20

kilogramos

Regular adult backpack

Teléfono inteligente

75

kilogramos (3.75 mochilas)

Smartphone

The ecological backpack serves to know how the different manufacturing and consumption options different impacts with them or "backpacks"

DID YOU KNOW?

75 kg of various materials are used to make a smartphone. How many mobile devices are there near you? Do you think they respect the environment? What about computers? And cars?

Portátil

1.500
kilogramos
(75 mochilas)

Laptop

Aquí abajo hay
un automóvil

1.500.000
kilogramos
(75.000 mochilas)

There is a
car down
here

LOS ALIMENTOS ECOLÓGICOS

Los alimentos ecológicos son los que se producen de forma totalmente natural, sin productos químicos y sin dañar o alterar el medio ambiente.

Naturales, ante todo

La agricultura ecológica no utiliza pesticidas ni fertilizantes químicos que contaminan el agua y pueden ser dañinos para nuestra salud.

It Is Natural, Above All

Seasonal

De temporada

Los alimentos ecológicos son de temporada; es decir, propios del clima de la zona y de la época del año en que estemos.

ORGANIC FOOD

Organic foods are those that are produced completely naturally, without chemicals and without damaging or altering the environment.

Eco-Packaging or Without Packaging

Cuidado con el envase

Un producto no es totalmente ecológicos si su envase no lo es también. Mejor si los compramos a peso y utilizamos nuestra propia bolsa de la compra.

Ganadería eco

De la misma manera que los cultivos, los animales de granja también pueden ser ecológicos. Para que así sea, se crían en ambientes abiertos y se alimentan de productos ecológicos.

Ecological Livestock

LOS ALIMENTOS TRANSGÉNICOS

Los alimentos transgénicos se obtienen a partir de la manipulación de sus genes. Gracias a esta modificación se logra desarrollar productos más resistentes y productivos. Mira sus pros y contras.

A favor: especies más fuertes

En el laboratorio se modifican los genes de las plantas. Así se consiguen especies más resistentes a las plagas y los pesticidas, y que crecen más rápidamente.

More Resistant Species

Helps Fight Hunger

¿Posible solución al hambre?

Aumentar la producción y contar con alimentos más resistentes podría ayudar a solucionar los problemas de hambre en sitios con emergencia social.

TRANSGENIC FOOD

Transgenic foods are obtained from the manipulation of their genes. This modification is to develop more resistant and productive products. See below for its pros and cons.

En contra: posibles efectos negativos para la salud

Si bien se sabe poco aún sobre cómo afectan los alimentos transgénicos a la salud, podrían ser negativos en el largo plazo, como el desarrollo de alergias o intolerancias.

Possible Negative Health Effects

Daña la biodiversidad

Muchas veces las empresas siembran sin prever la invasión al resto de los ecosistemas. Como son especies más fuertes, desplazan a las especies originales.

Decreases Biodiversity

DEL CAMPO A LA CESTA

Fíjate en las diferencias entre la forma tradicional de cultivar tomates y el cultivo transgénico de estas plantas. ¿Cuál te parece que respeta más la naturaleza?

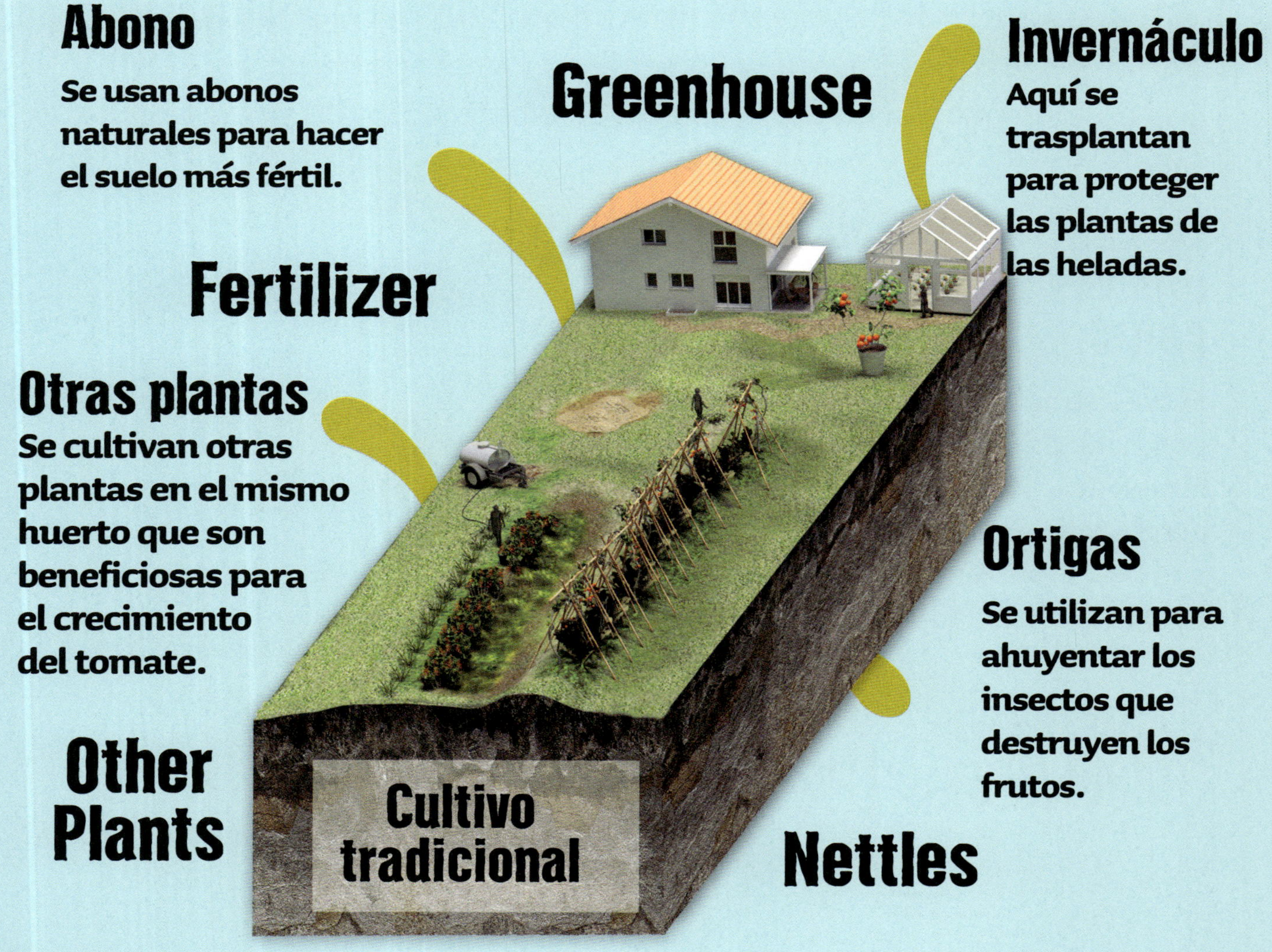

FROM THE FIELD TO THE BASKET

Look at the differences between the traditional way of growing tomatoes and the transgenic cultivation of these plants. Which do you think respects nature the most?

Alto rendimento

Los campos se diseñan para aprovechar al máximo el espacio. Así se obtienen más tomates por hectárea.

High Performance

Resistant

Resistentes

Son resistentes a los pesticidas que se utilizan para acabar con las plagas.

Terrain

Terreno

Los tomates modificados pueden cultivarse en terrenos que en condiciones normales no son aptos para estas plantas.

LAS ETIQUETAS HABLAN

Todo consumidor puede reconocer en un producto etiquetado si ha sido producido de manera sostenible. Son productos que tienen una etiqueta certificada por un organismo, que asegura que cumple unos criterios ambientales.

Tienen significado

Indican que el producto se ha fabricado respetando el medio ambiente.

Each Label Has a Meaning

Busca las etiquetas oficiales

Son las que otorgan los organismos oficiales de cada país y son las más fiables.

Look for the Official Labels

LABELS EXPLAIN THINGS

Consumers can recognize if a labeled product has been produced in a sustainable way. These are products that have a label certified by an organization, which ensures that they meet environmental criteria.

Cambian por país o región

Más de 84 países tienen ecoetiquetas oficiales. Algunos ejemplos son la flor de la Unión Europea o el cisne de los países escandinavos.

Change by Country or Region

EL TIPO DE ENVASE ES IMPORTANTE

Otra cosa que debes tener en cuenta a la hora de comprar un producto es que su envase sea reciclable. Aquí tienes algunos símbolos que te ayudarán a reconocerlos.

Recyclable Alumninum

Aluminio reciclable

Lo llevan los envases y latas fabricados con aluminio reciclable.

Recyclable Materials

Materiales reciclables

Indica que los materiales con los que se ha fabricado el producto son reciclables. Si lleva un porcentaje en su interior (por ejemplo, 70%), quiere decir que solo esa parte se puede reciclar.

THE TYPE OF PACKAGING IS IMPORTANT

Another thing that you should take into account when buying a product is that its packaging is recyclable. Here are some symbols to help you recognize them.

Each Thing in Its Container

Cada objeto en su contenedor

Este símbolo nos recuerda que debemos depositar el envase o residuo en el contenedor o centro adecuado para que pueda reciclarse.

Waste Management

Gestión de residuos

Nos informa de que el fabricante participa en la gestión de residuos. Es decir, da la garantía de que el envase se reciclará.

EVITAR EL PLÁSTICO

El plástico es un material tan versátil, eficaz y barato que ha invadido por completo nuestro día a día. La casa, la escuela, el trabajo, el coche... en cualquier lugar encontramos objetos de plástico. El problema es que tarda mucho en degradarse cuando lo desechamos y daña el medio ambiente. Por eso conviene reducir su consumo.

Alternativa biodegradable

Existen plásticos que se fabrican a partir de materia vegetal, como maíz, trigo o patata, que se degradan de forma natural. Muchos supermercados ya utilizan bolsas de este tipo.

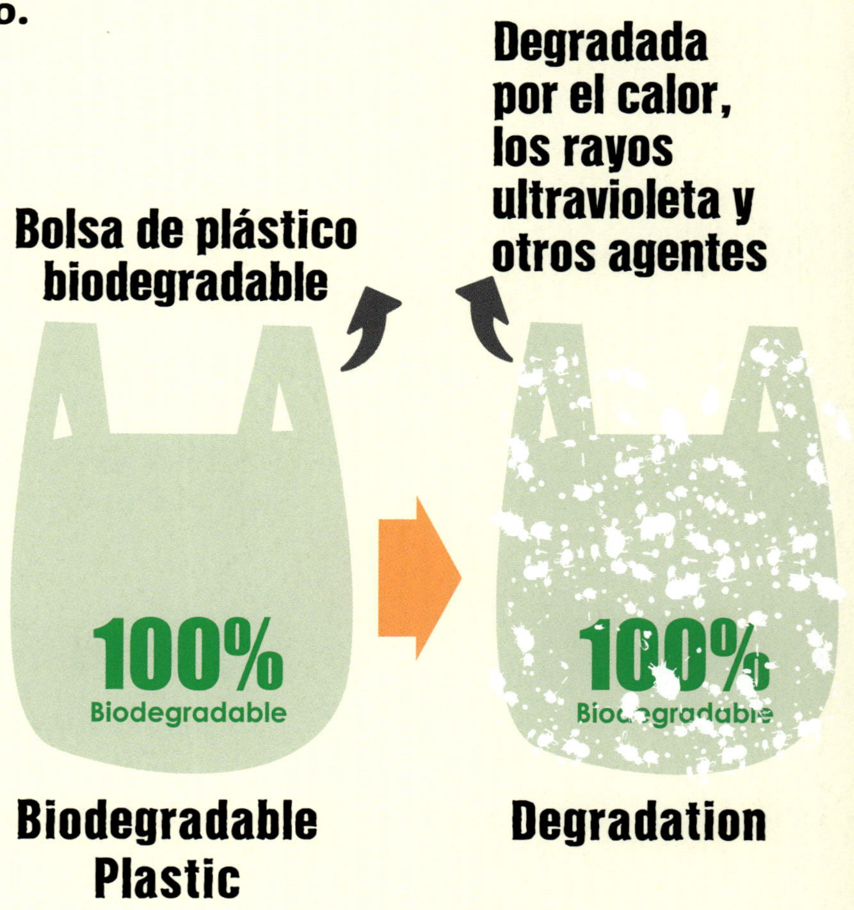

Difícil de reciclar

Otro problema del plástico es que es complicado de reciclar y eso lo hace aún más perjudicial para el planeta. El poliestireno y las resinas son los materiales menos reciclables.

AVOID PLASTIC

Plastic is such a versatile, efficient and cheap material that it has completely invaded our daily lives. At home, school, work, in the car ... anywhere we go, we find plastic objects. The problem is that it takes a long time to degrade when we dispose of it and it damages the environment. That is why it is good to reduce its consumption.

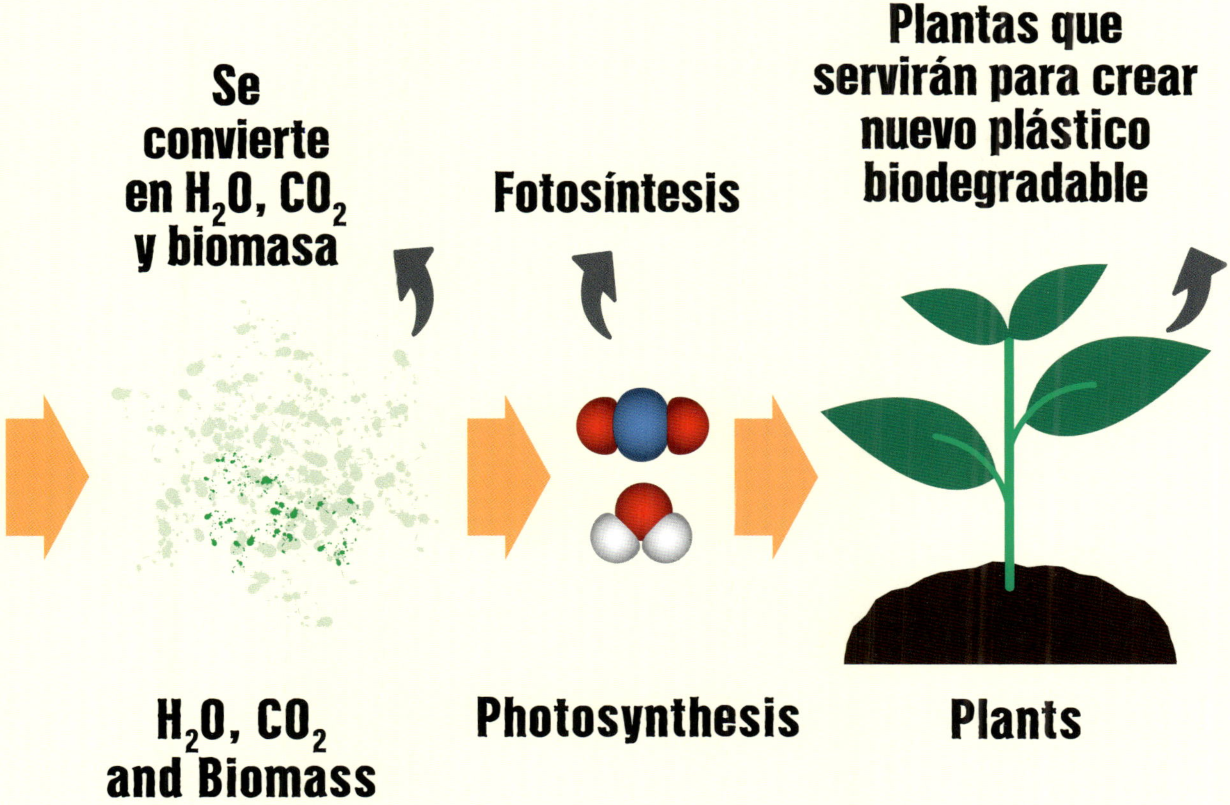

EL COMERCIO JUSTO

El comercio justo se ocupa de que agricultores y trabajadores reciban un pago justo por su trabajo, a la vez que garantiza el cuidado de la naturaleza. En el gráfico, verás algunos ejemplos.

Pequeños productores

Gran parte del comercio justo procede de pequeños agricultores. Al comprar productos de comercio justo se ayuda a mejorar las condiciones de vida de estos productores.

Precios más justos

Sin la participación de intermediarios, los productores pueden conseguir un precio más justo por sus productos.

FAIR TRADE

Fair trade ensures that farmers and workers receive fair payment for their work, while ensuring the care of nature. Take a look at the examples in the graphic.

Look for the Seal

Busca el sello

Los productos procedentes del comercio justo llevan un sello que los identifica. Para obtenerlo es necesario que una organización de comercio justo lo certifique.

Respect for Environment

Respeto por el medio ambiente

El comercio justo también se ocupa de que la producción sea respetuosa con el medio ambiente.

LA MODA SOSTENIBLE

¿Sabes que tu ropa cuesta mucho más de lo que has pagado por ella? La industria de la moda y su confección es la segunda más contaminante mundial. Por eso, debemos ser conscientes de nuestro consumo de ropa y de qué estamos comprando.

Cambiar el modelo de consumo

El modelo de negocio actual de la ropa se basa en el volumen y la producción de la ropa de la manera más barata y rápida posible. La compramos barata, la usamos algunas veces y luego, la tiramos. Este no es un modelo sostenible para el medio ambiente.

Change the Consumption Model

SUSTAINABLE FASHION

Do you know that your clothes cost much more than what you have paid for them? The fashion and clothing industry is the second most polluting in the world. We must be aware of our clothing consumption and what we are buying.

Each Item Matters

Cómo impacta cada prenda

Tus zapatillas, tu vestido, tus jeans... Cada prenda tiene un ciclo de vida, y un impacto. Debemos intentar conocer el impacto social y ambiental completo, desde el cultivo del algodón hasta los procesos de teñido y fabricación.

Recycling

Reciclaje

Reutilizar la ropa evita procesos industriales complejos, contribuye al ahorro de agua y energía y a una menor producción de residuos.

¿CÓMO SÉ QUÉ ROPA ES SOSTENIBLE?

La ropa puede estar fabricada con muchos tipos de tejido, pero no todos son igual de respetuosos con el medio ambiente. Por eso es importante mirar leer bien la etiqueta de una prenda antes de comprarla y elegir las que utilicen materiales más sostenibles.

Algodón orgánico

El algodón orgánico es mejor para el medio ambiente que el algodón normal porque utiliza menos agua y no tiene productos químicos nocivos.

Organic and Sustainable Fibers

Viscosa sostenible

Es un material natural y biodegradable, que proviene de los árboles. Por eso, es importante asegurarse de que provenga de bosques que están bien cuidados y fuera de peligro.

WHICH CLOTHES ARE SUSTAINABLE?

Clothing can be made from many types of fabric, but not all are equally environmentally friendly. That is why it is important to read the label of a garment carefully before buying it and choose those that use more sustainable materials.

Natural Dyes from Plants

Tintes naturales de plantas

Por los productos químicos que se utilizan, el teñido de telas es perjudicial para nuestro medio ambiente, las vías fluviales y los ecosistemas. Los tintes que vienen de plantas, en cambio, son totalmente naturales y biodegradables. Son más caros, pero son seguros para la salud y la piel.

Recycled Materials

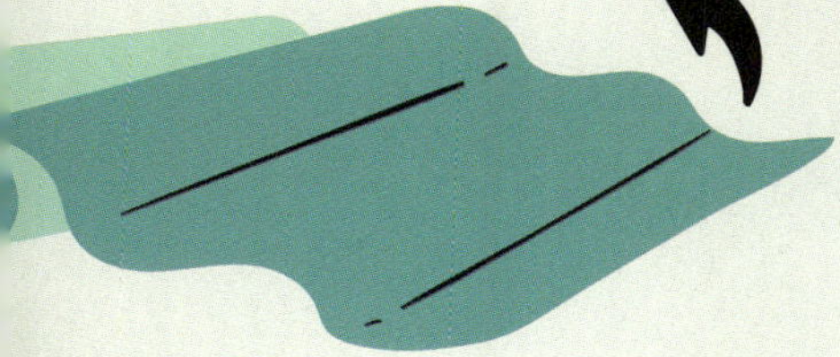

Materiales reciclados

Muchas empresas han comenzado a reutilizar telas que normalmente se convertirían en desechos para reciclarlas en nuevas telas. También usan poliéster y nylon reciclado, que ya formó parte de un objeto en uso. Como por ejemplo, el nylon que hay en las redes de pesca y fibras de alfombras.

JUGUETES ADECUADOS

No siempre los mejores juguetes o los más respetuosos con el medio ambiente son los que aparecen por televisión en las campañas publicitarias. Hay muchos factores a valorar antes de elegir el juguete adecuado.

Avoid Plastic and Batteries

Los juguetes fabricados con plástico y los que llevan baterías son los menos sostenibles.

Los juguetes deben llevar en la etiqueta o en la caja un sello de calidad que certifique que son seguros.

Check Age of Use

Cada juguete está pensado para una edad y debe indicarlo. Hay que comprobarlo antes de comprar.

SUITABLE TOYS

Toys that appear on television in advertising campaigns are not always the best ones nor the most environmentally conscious. There are many factors to take into account before choosing the most suitable toy.

Seal of Quality

Mejor los juguetes educativos que aquellos que implican violencia o discriminación.
No abusar de los videojuegos.

Educational Is Better

Si es posible, debemos reciclar, regalar o intercambiar un juguete antes de tirarlo y comprar uno nuevo.

Extend Its Useful Life

CONSUMO RESPONSABLE

El resumen de todo lo que hemos ido viendo a lo largo del libro es que debes elegir siempre aquellos productos que sean mejores para el medio ambiente. De este modo ayudarás a mantener sano el planeta cuando hagas la compra.

Las cinco Rs ecológicas

Reducir, reparar, recuperar, reutilizar y reciclar. Recuerda estas palabras antes de deshacerte de un objeto y comprar uno nuevo. A menos basura, menos contaminación.

The Five Ecological Rs

Productos locales

Elige productos producidos o fabricados cerca de donde vives. Así reducirás la cantidad de combustible que se necesita para transportarlos. Y recuerda: evita bolsas y envases de plástico.

Local Products

RESPONSIBLE CONSUMPTION

To summarize, what we have covered in this book is that you should always choose eco-friendly products. In doing so, you will help keep the planet healthy when you shop.

No a la compra compulsiva

Hacer una lista de nuestras necesidades antes de salir de casa nos ayudará a no comprar lo primero que nos entre por la vista en la tienda.

If You Don't Need It, Please Don't Buy it

FABRICA TU PROPIO JABÓN

Con este experimento comprobarás cómo productos que utilizamos habitualmente en casa pueden fabricarse con componentes totalmente naturales.

NECESITARÁS:

- jabón en escamas
- bol para microondas o una olla vieja
- glicerina
- alcohol
- canela o pimentón
- moldes pequeños

PASO A PASO: las explicaciones en la página siguiente

MAKE YOUR OWN SOAP

With this experiment you will see how products that we usually use at home can be manufactured with totally natural components.

YOU WILL NEED:

- Soap flakes
- Microwave-safe bowl or an old pot.
- Glycerin
- Rubbing alcohol
- Cinnamon or paprika
- Small molds

STEP BY STEP: find the explanations on the next page

PASO UNO
STEP ONE

Coloca 1 taza de jabón en escamas en la olla o bol. Agrega 1/3 de glicerina y 2 cucharadas de alcohol.

PASO DOS
STEP TWO

Con cuidado añade 1/8 de taza de agua a la mezcla y revuelve.

PASO TRES
STEP THREE

Agrega 1 cucharada de canela a la mezcla para darle aroma, y una de pimentón si quieres darle color.

PASO CUATRO
STEP FOUR

Calienta la mezcla a fuego lento, o bien en el microondas, hasta que hierva.

PASO CINCO
STEP FIVE

Tan pronto como la mezcla haya hervido, retírala para que se enfríe, revolviendo a cada tanto.

Cuando la mezcla esté fría y transparente pero aún líquida, vuélcala en moldes y deja que se endurezca.

PASO SEIS
STEP SIX

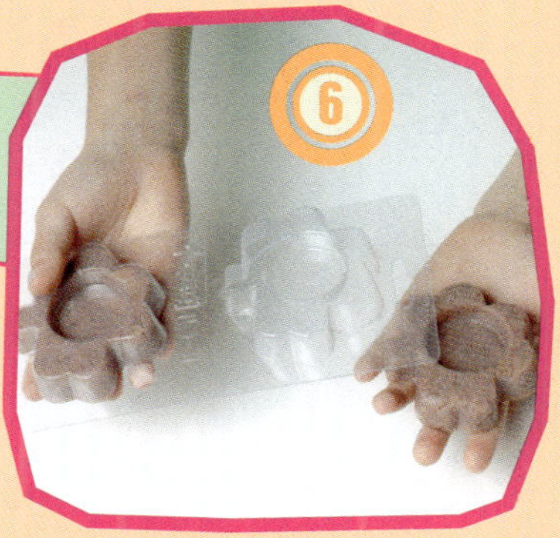

Conclusión

El jabón resultante es muy suave, nada irritante porque sus ingredientes son naturales.